미처 봉하지 못한 밀서

국립중앙도서관 출판예정도서목록(CIP)

미처 봉하지 못한 밀서 : 장충열 시집 / 지은이: 장충열. --
대전 : 지혜, 2017
    p. ;   cm. -- (미네르바시선 ; 41)

ISBN 979-11-5728-233-3 03810 : ₩9000

한국 현대시[韓國現代詩]

811.7-KDC6
895.715-DDC23   CIP2017014093

미처 봉하지 못한 밀서

장충열 시집

시인의 말

쓸 수 있다는 것은 마치 언제든지 거닐 수 있는
고궁이 거기에 있는 것처럼 든든했습니다
영혼을 차지하고 수시로 허락없이 들락거리는 詩는
사랑이 되었고 말없는 위안은 익숙한 마음자리 되었습니다
때로 정지된 슬픔이 자화상이 될까 두려움도 있었지만
詩는 결국 스스로를 푸르게 지탱하는 힘입니다
스쳐가는 바람 한 줄, 낮은 풀잎 하나 마음에 담으며
성숙해지는 기쁨이 제 빛깔이 날 때까지-

신록이 무르익은 사색의 자리
문학의 길에서 변함없이 진실의 손을 잡아주신
사랑하는 분들께 고마움 전합니다

2017 초여름
장충열 올림

차례

1부

13 | 바오밥나무
14 | 겨울 담쟁이
15 | 별의 말
16 | 누름돌
18 | 길상사에서 —자야를 생각하다
19 | 미술 전람회
21 | 더덕
22 | 어느 옷걸이의 고백
23 | 가 면
24 | 깨 볶으며
25 | 소용돌이
26 | 연근
27 | 입속의 별똥별
28 | 그해 여름
29 | 열정
31 | 껍데기와 껍질
32 | 겨울 강
33 | 담쟁이 이야기
35 | 노란 리본

2부

39 | 두물머리에서
40 | 목이 쉬던 날
41 | 민들레 필 때
42 | 고궁에서
43 | 떠도는 영혼 —거제도 포로수용소
45 | 달
46 | 벚꽃 지던 날
48 | 신의 걸작
50 | 수산시장
51 | 대숲바람 —담양 竹綠園에서
52 | 유채밭에서
53 | 장마
54 | 은행나무 아래서
55 | 풍경風磬
56 | 합죽선
57 | 사라지다
58 | 사랑이 이울 때
59 | 뭉크의 절규

3부

63 | 햇살 한 움큼
65 | 제부도
66 | 지하철의 밤
67 | 파도는 쉬지 않는다
68 | 계단과 계단 사이
69 | 그림자
71 | 가을강
72 | 이른 봄
73 | 어떤 남자 —과천 경마장에서
75 | 고요의 빛
76 | 과장법
77 | 궤변
78 | 시인의 언덕 —윤동주를 생각하며
80 | 단풍
81 | 분수噴水
82 | 꽃물에 젖어
83 | 여름 숲에서
85 | 비상飛翔 —문학 창간호 축시

4부

89 | 상사화
90 | 두 손 모으며
91 | 여백
92 | 상록수 —한국문인협회 60년 기념 축시
93 | 라일락
94 | 능소화
95 | 홍매화
96 | 가끔 종소리 울리는
98 | 아지랑이
99 | 봄
100 | 겨레의 꽃
101 | 겨울 자작나무
102 | 괘씸죄
103 | 접은 페이지
104 | 냉이
105 | 겨울
106 | 고인돌
108 | 유실물
109 | 다시보기

110 | **해설_황정산**
  세상의 슬픔과 모성의 언어

1부

바오밥나무

때로 세상을 거꾸로도 볼 일이다

바로 쳐다본다고
다 똑바로 보이는 것이 아니기 때문이다
세상 속내는 요지경이기도 하고
허무와 실패는 숨어 있기 마련이다
축복 받아야 백년을 사는 인간에게
천년의 지혜 물어보면 대답은 단호하다
메아리 없는 현실 원망하지 말고
사려 깊이 뿌리 내리라 한다

천년의 지혜 느끼려면 자신을 보라고 바오밥은 말한다
어린왕자의 웃음처럼 피는 커다란 꽃 매달고
뿌리 공중으로, 섬세한 촉수 벋어
맑은 하늘 바라보게 하는 나무
나무별에서 온 바오밥은 석양에 물들며
시끄런 세상 향해 고요한 진실을 말한다

때로 세상을 거꾸로도 볼 일이라고

겨울 담쟁이

벽화 한 점 쓸쓸히 서 있다
오래된 자화상처럼
푸르게 일렁이던 날들 지나
무성했던 언어 접은 채
차라리 마음 닫아버린 나신이다
깡마른 검은 뼈들이 상형문자 그리며
찬 허공을 향해 소리 없는 오체투지를 한다
탐험할 길 없는 동굴 속
어둠의 역사 파헤치는
해독하지 못하는 긴장의 연속
면벽도 모자라 틈속까지 파고 붙어버렸는가
비틀어진 몸에선 인내의 한계 드러나고
영혼의 울음소리 아침 노을로 번져간다
타다 멈춘 지독한 그리움의 흔적이 빙의 되었는가
미처 봉하지 못한 밀서라도 들킨 듯
햇살에 더 가늘게 오그라드는
그림자 없는 뼈들의 행진이다

별의 말

언제부터 빛나고 있었느냐고 묻지 마라
중력이나 너비도 따지지 마라

세종께서 혼천의를 만드셨을 때나
생텍쥐페리가 어린왕자에 빠져 있을 때나
그대가 연인과 마주 앉아 붉은 와인 잔 기울이며
낭만에 젖어있을 때나
바쁜 일상에 쫓겨 일년 내내
한 번도 나를 쳐다보지 않을 때에도
변함없이 빛나고 있었다

그렇다고 너무 쉽게 쳐다보며
나를 걸고 지키지 못할 약속도 하지 마라
운세 점친다고 맘대로 이름 붙이지 마라
영원을 걸고 순간을 즐기는 것을 자유라고 생각하지 마라

마음 가다듬고 밤 하늘 보라
올려다 보는 것에 우러름을
내려다 보는 것에 겸허를

누름돌

심장에 배인 이름 부르며
쇠똥구리처럼 세상 굴러
서러움만 배불러졌다

생명의 유산 어머니란 모음과 자음
사랑 중독에 힘겨운 줄도 모르셨다
비싼 소장품 하나 없어도 자식이 가장 귀한
당신의 보물이기에 밤꺼플 내려 앉아 감겨도
두 눈 크게 뜨고 기다리던 모정

세상 지탱하는 힘 다 주고도
더 줄 수 없는 안타까움
영혼 한 가운데서 솟아나는
지칠 줄 모르는 옹달샘이었다

앙가슴의 메아리 강으로 바다로
널리널리 퍼지는 눈물의 번짐이었다
항아리 속 응달 표현할 길 없는 인고의 날
누름돌로 살아내셨다

반달의 생이셨지만 만월보다 빛났던 자식 사랑
이승의 시간 다 쓰지 못하고
어린 자식들 두고 봄 언덕에
산꽃으로 누우신 어머니
놓을 수 없었던 사랑의 끈
허기진 봉분위에 검붉은 노을로 타는

길상사에서
— 자야를 생각하다

무슨 오묘한 유전자일까
소유할 수 없는 전부를 안고 한 곳만 향한다

극한에 다다른 사랑은 이토록 흉내낼 수 없는
애련의 빛깔이 되었는지
나약했던 힘줄은 진실의 더께로
끊어지지 않는 인연줄이 되었다

소리 없는 울음은 하얀 밤을 수없이 건너가고
퇴색할 줄 모르는 한 마음은 문지방 넘나들며
지울 수 없는 비련의 나이테다

주인 지키던 돌은 말문 닫았고
나뭇잎들은 만장輓章 날리며
단근질한 날들 허공에 읊고 있다
뼛가루에 심겨진 꽃이며 풀 한 포기도
멈출 수 없는 전설이다

그 모든 것은 한 줄 詩보다 못하다 했던가
채워도 채워지지 않는 목마름 안고
어느 별에서 기다림의 영혼으로 서성이고 있을까

미술 전람회

100년의 이야기들 신비스런 안개 빛으로
잔잔히 말을 건넨다

바삐 움직이는 눈동자는 명작의 포로 되고
늘어서는 감탄사의 행렬은 끝없다
선이 고운 여자의 목덜미 그려 낸 르누아르의
미소 받으며 눈 돌리는 순간
목이 긴 여인의 슬픈 눈동자 보고
모딜리아니의 가느다란 손가락 살며시 잡아 본다

어깨 살짝 건드리며 돌아보게 하는 로댕은
누구의 생각 속 헤엄치고 있을까
액자에서 튀어나온 시간은 지구 몇 바퀴 돌고 돌아
고고한 테두리 만들며 이곳까지 왔는가
'보는 것을 그리는 것이 아니라 생각하는 것을 그리는 것'
이라는
피카소의 찌그러진 눈동자 속에서 방황하다
루소의 생각 속으로 들어갔다
자연의 숨결로 씻겨진 세포들이 춤춘다
신명이 날 때 쯤 고갱의 자화상 앞에서 생각이 복잡해진다

순간 유리 액자에 얼비치는
또 다른 얼굴이 보였다
창조주가 왼손으로 그려 낸 밋밋한 얼굴 하나
순수 자연 작품으로 얼빠진 듯 서 있다

더덕

좌판에 쭈그리고 앉은 노파의 거칠어진 손마디
하얗게 벗겨지며 탱글거리는 속살
두껍게 입혀진 너절한 덧개 벗겨버리는
지나온 흔적이 아리게 얼비친다
더 잡힐 곳 없는 온통 주름뿐인 얼굴
진한 응달이 묻어난다
흙을 털어내고 다듬는 시간의 부지런함이
지폐로 바뀌면 얼굴 가득히 미소 번지리라
5천 원짜리 한 봉지 사면서
크게 반겨주는 할머니의 고독까지
나눠 담을 수 있다면 좋으련만
어쩌면 슬픈 듯 숨겨진 눈빛 속엔
외로움 즐기는 법을 아실지도 모른다
욕심에 따라 끝이 달라진다는 것을
잊어버릴 때가 많지만
마음 비웠을 때 채워지는 기쁨은
더덕의 향보다 진하리라
오늘 저녁은 더덕구이다
그 맛 달빛보다 감미로우리니

어느 옷걸이의 고백

그의 전체를 안아주고 싶었다
세상 찌든 때에서 묻어 나오는
절여진 냄새까지도
포근히 품으려 했다

귀를 달콤하게 자극하던 목소리 뒤로
꼬불거리는 고샅길 지나 지친 하루가 눈 감는다
허울뿐인 빈 현실
얼마나 벗어 던지고 싶었을까

한숨에 노을 겹치면 무슨 빛깔이 되는지
무겁게 토해내는 긴 호흡이 말해준다
알콜에 젖은 거친 숨 몰아쉬며
껍질 벗어 가느다란 내 몸에 삐뚜르 건다

나약한 영혼의 틈 사이 찬 바람 인다
얼마큼의 깊이로 그를 위로할 수 있을까
얇은 몸 의지해 우수꽝스럽게 포개진 그의 분신들
누를 수 없는 설움 와락 물꼬를 튼다

가 면

광대가 된다

벗겨낼 수 없는 또 다른 얼굴
빛과 어둠의 공존
언제나 야누스는 존재했다
웃음도, 눈물도 감추고
모반의 자유를 느낀다

거스를 수 없는 물길
되돌릴 수 없는 현장에서
초라한 자화상의 속웃음이 씁쓸하다

안을 들락거리는 막을 수 없는 도플갱어
진정한 나를 만날 때까지
욕망의 광대 놀이는 계속된다

고행의 시간 흐른 후
껍질 벗고 날아 올라
비로소 선명한 나비가 되는 애벌레처럼

깨 볶으며

정성스레 포장된 소포가 왔다
시각장애인 강의하며
정 나눈 분들이 농사지어 보낸 참깨다
오히려 많이 배울 기회였던 그들과의
시간은 느낌표였다
더듬으며 깨를 털어내고 쓸어 담았을
모습 그려보니 콧등이 시큰해진다
씻다 보니 정말 모래가 많이 나왔다
모래도 깨처럼 소중히 생각되어 화분에 넣었다
말할 수 있어서 행복하다고 웃는
긍정의 반짝임이 배어있는 티 없는 얼굴들
신중하고 집중이 뛰어나
정안인보다 실수도 별로 없어 놀랄 때도 많았다
팬에 넣고 볶을 때 톡톡 튀는 깨알들
피곤한 삶의 고소한 활력이 돈다
마음의 눈으로 더 깊고 순수하게 보던 그들
짙푸른 영상이 깨알로 튀어 오른다

소용돌이

어설프게 착지된 낱말들
백사장 모래알에 파묻혀 기우뚱하고
스스로 작은 홀로 섬 되어
날개 죽지 접은 채
낮은 음자리표 만들고 있다

영하에 밀린 여린 생명들
이미 어디론가 몸 숨겨버린
텅 빈 바닷가
회상 깨우는 물살 소리 온몸으로 들으며
찾아올 누구도 없음을 결코 탓하지 않는다

억센 파도 품고도
평온한 바다는
물주름만 쉼없이 둘둘 접을 뿐
아무런 대답 없다

희미한 그림자조차 허용되지 않는 계절
조약돌 위에서 비틀거리다가
수평선 너머 자화상 보며

연근

바람의 통로 반半 허락했어도
흩어짐 없는 단단한 몸 절개를 지녔구려
팔등신으로 태어나지 못한 것에
원망도 감추고 흙탕물에 마음까지 담그며
그 세월 견디셨구려
양쪽 끝 자르면 아무것도 가두지 않으려는 듯
순수로 통하는 무소유의 뜻 전하시는 구려
찬사는 잎새가 받고 사랑은 꽃잎이 받지요
어느 것 하나 버리는 것 없이 다 내어주어도
환생을 꿈꾸지 않고 정토의 의미만을 생각하니
진정 귀하시구려
그 넓고 푸른 잎새, 물기 은구슬로 구르게 하고
보송보송한 춤사위로 하늘 향해 기원 올리니
높은 사상思想 담았구려
꽃송이는 심청비라도 나올 듯 신비롭고 우아하니
전설을 담을만 하구려
뭐라 해도 아삭거리며 감기는 깊은 여운
뉘라서 따르리오
풍미로 차오르니 천상의 맛으로 간직하려오

입속의 별똥별

짙푸른 표면에 빛 숨긴 태양 그림자 보인다
'쩍' 소리와 함께 갈라진 빨간 우주 속으로 들어 간다
응어리진 흔적들 조각조각 삶을 쪼갠다

긴 나날 뜨거움 인내하며
흰살이 붉은 살 되기까지
흰점이 검은 점 되기까지
버리고 싶은 기억들 여기저기 까맣게 박혀 있다
견뎌야만 했던 무채색 통증은 얼마나 많았던가
잊고 싶은 일들이 길게 줄 선다

시간 되돌려 지울 수 있다면
지나온 절반은 버려야 하리라
튕기듯 입속에서 떨어지는 아린 기억들
버려야 할 것들이 이다지도 많았던가

입속 도는 달콤한 과즙이 목에 감긴다
살아온 날들의 인내는
어떤 향기 피워내고 있는가
자문자답하며 저무는 생각

그해 여름

마루 끝에 쪼그리고 앉아
작달비 내려치는 소리에 한없이 취해 있던 날

어머니는 쟁반에 부침개 담아 주시며
뭘 그리 보고 있니 식기 전에 어서 먹어라 하셨다
풀잎들이 물매 맞고 있어요 많이 아플거예요
눈가에 잔잔한 미소 지으시며
세상 살면서 아프지 않은 매를 맞을 때도 많이 있단다

그때는 뜻을 몰랐었다
잎 넓은 호박잎에 내 작은 꿈이 그려지고 있을 때에는

빗물은 보이지 않는 것까지 다 적시고 있었다
나이테가 감기는 동안 아이들에게 똑같은 말을 하고
수십 번 장마 속에 아프지 않은 매도 여러 번 지나갔다

보이지 않는 매가 더 두려운 것을
어머니의 가르침은 언제나
메마른 영혼을 일깨우는
그 옛날의 빗물

열정*

1.
소나무 언덕*에
새들이 음표 그린다

하늘로 푸르게 날아오르는
소리는 풀꽃들의 귀를 모으고
골짜기 휘돌아
멀리 멀리 퍼져간다

맑은 번짐은
그리운 이들의 눈빛 되고

신의 향내 세상 곳곳에
짙은 송홧가루 날린다

2.
은빛 실파도 따라
곱게 퍼지는 미소들
절로 발걸음 닿는 곳마다
감동의 갈채 넘실댄다

우리네 아름다움 지켜 온
화장化粧의 역사 계절 따라 꽃피고
세계속에 겨레의 향
갈매빛 그린 나래 편다

* 열정 : 2017 코리아나 화장품 슬로건.
* 소나무 언덕松坡 : 코리아나 화장품 창업주 유상옥 회장의 호.

껍데기와 껍질

껍데기에 속하는 것은 속껍질이 있고
껍질에 속하는 것은 바로 속살이다

껍데기에 속하는 것은
속에 한 겹 깔고 말하고
껍질에 속하는 것은
바로 들려오는 순수다

예리한 칼 끝은 안다
비밀한 세포 하나 골라내 듯 그 속 꿰뚫고 있다
말과 말의 무늬를 넘나드는 껍데기와 껍질 사이
칼끝이 된 혀는 무딘 정신 깨운다

한 꺼풀 더 벗겨내는 사냥에
머리 굴리다 지친 민초의 위안은
속 껍질 없는 친구와 한 잔 술로
속 마음 푸는 일

겨울 강

바람 비벼대는 마른 갈대의 목쉰 소리 들린다
늦겨울과 이른 봄 사이 존재하는
또 하나의 겨울이 달리는 오솔길

줌으로 다가오는 회색빛 풍경들
셔터 서툴게 눌렀을 때의 떨림으로 보인다
그토록 마음 한 조각 얻기 위해 얽매이던 날들
어리석은 돌로 던져졌다
스스로 갇혔던 시간도 살얼음이다

놓쳐버린 인연의 끈 아직 남아 있는 걸까

우울이 웅크리고 있는 곳
꿈틀거리며 봄 기다리는 풀씨들
고요를 헝크리며 푸드득 날아가는 철새들 사이
이끌리듯 투명한 눈동자 빛난다

이내 속에서 상기된 빛으로 속살거리는
소화되지 않은 이야기들

담쟁이 이야기

초록 비단이 벽을 덮었다
마음 훔치던 날의 자화상으로
당당하게 팔 들어 올렸다
윤기 흐르는 무성한 언어들
시간 거슬러 오르고 또 오른다

기대어 상승기류 탄다고 기죽지 않고
구불거리며 오른다고 비겁하지 않았다
하나의 정으로만 오르다가 힘들어도
위만 바라보며 허공에 그리는 긴 한 숨

야무진 자태 도도한 빛깔이지만
속으론 열 손가락 피 긁히는
영혼 깊이 지독한 면벽이다
이토록 지칠 줄 모르는 사랑이 있었던가
불볕에 타들어 가는 심사 어찌지 못해
간간히 피어난 붉은 꽃의 흔들림
되돌리고 픈 애잔한 영상

떨어질 줄 모르는

그림자 없는 연인들
그 진한 전설이 독하게 빙의되었다

노란 리본

꼭 돌아오리라고
하늘도, 바다도 대답 없고
심장 오그라드는 피눈물

무심한 시간은 깊숙한 상처 감고
어디쯤에서도 멈춰지지 않을
애타는 심정은 바다 수위를 높였다
안으로 타들어가며 불러보는 쓰라린 이름
한숨만 수심 깊이 가라앉았다

둥둥, 보이지 않는 부표들
해안에서 목이 터져라 부르고
갇힌 배안에서 애절히 불렀을
간절한 외침은 어느 지점에서 만날까
찬 물속에서 엄마, 아빠, 사랑하는 이들
절절히 불렀던 지우고 싶은 비극의 날

하고 픈 말 아직 많이 남아 있는데
주술처럼 맴도는 소용돌이에 만신창이다
노란 천사가 손잡은 긴 기다림의 수평선 끝

계절 가고, 일 년, 이 년, 삼 년이 간다
바람도 울며 아물지 않는 상처 어루만진다
까맣게 멍든 영혼들

2부

두물머리에서

조용한 오후 진록빛 물살 속에선
나무들이 긴 머리채 감는 중이다

거스르지 않는 부드러운 힘
생명 키워내는 질긴 모성
한없이 신비롭다

때로는 분노로 하얗게 거품일면서도
결코 먼저 배반하지 않는다
물음표와 느낌표가 그림자로 따라붙는
세상살이 간극을 말없이 메워주고 있을 뿐

지난 날 마음 물들이며 나누었던 물 한 잔도
예서 달려왔을 아스라한 정이 보인다

강물은 실파도치며
회상의 그물망에 건져지는
말라가는 이야기 적셔주고 있다

이끼 낀 돌짝
한가롭게 푸른

목이 쉬던 날

입 크게 벌린 악어의 목젖
악어새는 다정하게 어루만지며
이리저리 관찰중이다

원판형 커다란 안경알 너머로
망가진 소리 고쳐가는 눈빛이
내 영혼 그늘진 곳까지 보고 있다
쉬운 것 없는 세상살이
몸보다 먼저 지쳐버린 목소리

말 배우기는 6년 침묵을 배우기는 60년
경고장으로 날아든 금언령
생각조차 하얗게 지워졌다

말을 줄이라는 처방 뒤로 하고 하늘을 보았을 때
쓴 웃음 지으며 정수리로 쏟아지는 정오의 햇살

민들레 필 때

구김살 다림질하던 눈동자
살며시 걸터앉은 작은 풀씨 하나 잡는다
탁구공처럼 튕겨내던 햇살 한 줄기
노란 얼굴 앞에선 눈부셔 한 발 물러선다

야윈 사랑의 그림자 기우는 한 쪽
흑백 영상 아렴풋 포개지고
겹쳐오는 그리움 가두지 못한
못내 아쉬움이다

웃기만 하는 걸까 울음도 숨어 있는
뽀얀 홀씨 굴러 간다
투명한 빛 가르며 하늘거리는
마지막 독주의 날개

가벼운 바람결에도
매듭처럼 귓가에 걸려

그윽했던 숨결 따라
날개 한 카락 일기장에 선명하게 꽂힌다
그 순간처럼

고궁에서

추상같은 엄명 내린 자리
허리 굽은 나무들
교지 받들고 서 있다
한 발자국도 움직임 없이
밀서는 푸른 옷자락에 숨기고
사계의 하늘 기운 받고 있다
간계가 살랑거려도 잎새만 흔들릴 뿐
굳게 신념의 나이테 감는다
목숨 바쳐 지켜야 할 것이 무엇인지
말없이 서 있는 품석들이 보여주고 있다

자화상의 오후를 석양에 비추며
돌아보는 뒷자락
부끄러운 그림자 길다
옛날과 오늘
그 깊은 역사의 사색속에서

떠도는 영혼
— 거제도 포로수용소

불완전 연소된 이데올로기의 총알 하나
앙가슴 관통한다

차라리 무감각을 동경했을
그 아픔의 순간순간이 머리카락 들어 올린다

냉혹한 역사의 바람 한 줄기
지울 수 없는 그림자로 울렁인다

비명의 돌가루 되어 버린
흐느끼다 비바람 되어 버린
떠도는 영혼들의 투명한 눈물
그 한의 성분을 무엇으로 분석하랴

산도 괴로움에 귀 막아
바다 멀리로 빗겨간 힘없는 자들의 외침
핏자국으로 물든 대지의 신음이
서럽게 메아리치던 산하에
이름모를 들꽃들 피었다

그때도 하늘은 푸르렀으리라
밤마다 달빛은 무슨 위로의 말 건네는가
통한의 피울음 소리 들으며

달

사랑의 근원은 저토록 둥근 것일까
밤마다 생명 품고
푸른 꿈 심어 준 넉넉한 가슴
태초부터 신과의 약속이었을까

흰빛 한 가닥 어둠 뚫고
지상으로 낙하하는
해독하기 어려운 우주의 언어
닿지 못한 무모한 기원이
되돌아오는 것일까

앙가슴 파고드는 만월의 순도 높은 밀어
생각을 포획당한 얼떨떨한 몸짓
검은 장막에 휩싸여 올려다본다

뽀얀 달무리
측은지심으로 내려다보고 있다
순간
고요의 바다가 흔들리며
끝에서 일직선으로 타오르는
기막힌 포옹

벚꽃 지던 날

꽃잎 흩날릴 때면 힘없는 엄마 목소리 들린다
한창 때 많이 먹어라 애처로이 바라보시던 눈빛

무엇이 그리도 급하셨나요
뼈저린 사랑 무너져 내리던 날
하늘도 울어 흩뿌리는 빗속에 벚꽃잎 날렸었다
진해 벚꽃구경 가자고 블라우스도 한 벌 맞춰놓고는
작은 효심도 받지 못하고 엄마는 봄 언덕에 누우셨다

엄마는 아플 줄도 모르는 줄 알았다
엄마는 정말 씩씩한 줄만 알았다
언제까지나 우리 지켜주실 줄만 알았다
철없는 자식들의 손 어떻게 놓을 수 있었는지

엄마 가신지 수십 년
이제 닮아가는 나이 지났건만
흑백으로 어리는 애절한 모습
여전히 그날의 꽃잎 흩날린다

어디서 날아왔는지

못다 준 자식 사랑 안타까움 일어
흰 나비 보내셨나
뜨거운 눈물 속 어른거리는
엄마의 하얀 치맛자락

신의 걸작

흘러내리는 태고의 숨결
자작나무 숲은 낮은 속삭임으로 깨어나고
흰 부석의 산 바라보며 백두의 살점이 된다

장엄한 몸 타고 흘러내린 기암괴석의 대협곡
솟은 바위마다 잊을 수 없는 표정이다
일천 칠백 계단은 과거와 미래를 한 칸씩 주름살로 접으며
신비스런 얼굴과 가까워질수록 심장 요동친다

폭풍우도 사모하는 마음 알고 비켜서는 날
겨레의 아픔 내일의 꿈까지 다 품은
천지의 위용 처음 본 순간
스스로도 놀라는 외마디
끊임없는 탄성은 천지로 굴러 떨어진다

간간이 피어있는 산꽃은 언제부터 사랑의 물이 들었을까
사계의 꿈 덧입고 벅차게 손 잡아주는 혈맥에
든든한 아버지 정이다

에메랄드빛 정기 서린 천지에 마음 담그고

이내 하얀 산의 마디가 된다
하늘 맞닿게 서서 심장으로 부르는 영산靈山 백두여!

수산시장

거침없는 칼날로 달려들던 파도
힘없이 내리는 꼬리

펄펄뛰며 반항하던 물고기들
아가미 시뻘겋게 멍들어 체념한 듯
지친 벙어리로 주인 기다린다

하얀 플라스틱 섬에 갇혀 고향 그리움 삭이며
처진 지느러미로 마지막 눈물의 파동 일으킨다

비늘이 떨어지며 만들어 내는 비린 물살
잔인한 욕망도 부서지는 포말이다

푸르게 넘실거렸던 바다의 형상기억
이내 하얀 접시위에 짧은 생 펼친다

맛을 포획한 사람들 입속으로
슬프도록 빠르게 넘어가고
가까이에서 크게 출렁이는 바다

대숲바람
— 담양 竹綠園에서

대숲 전체가 긴 대롱으로 빨아들이고 있다
잎새들이 몸 겹치며 풀어내는 소리는 음악이다
어디서도 들을 수 없는 대쪽 선비들의 언어다

눈 맞은 차가운 세상 털며
죄악스런 이승의 비밀 털어버리고
구부러진 영혼도 곧게 편다

토해내는 목쉰 소리는 댓잎에 달라붙었다
갈증 난 아이처럼 앙가슴으로 댓바람을 실컷 들이킨다
배부른 풍선되어 꿈결인 듯 날아 다닌다
푸른 혼들이 풀어내는 하얀 눈 위에서

유채밭에서

무슨 전설을 풀어 놓았기에
하늘까지 설렘을 물들이고 있는가

첫 사랑 그때처럼
파르티잔의 기세로 마음 앗아가는
황금 바람에 휘청거린다

태양 파편 맞은 노란 포위선이
내 속에 틈 없이 들어와
이미 다스릴 수 없는 영역이 되어버렸다

울렁이는 꽃무리 앞에서
입 벌린 채
도무지 말을 잃었다

장마

온몸을 헤집고도 떠날 줄 모르는 병마病馬
지리하게 가슴팍에 들어 앉아
그리움도 녹이 슬고
끝내 곰팡이를 피워낸다

에돌아 더디 오는 속태움에 햇살은 멀고
깊숙하게 자리한 습한 상처는
만질수록 덧나기만 한다

참았던 분노 한꺼번에 쏟아지는 것일까
흘려보내야 할 슬픔이 이다지도 많았던 것일까
하늘이 작심하고 수문을 열어놓았는지도 모른다

받아들일 수밖에 없는 대지의 순종은
검회색 하늘만 멍하니 바라 볼 뿐이다
무심히 흐르는 불균형의 시간

은행나무 아래서

'모두가 밝음' 세상 전원 켜진다
밀서라도 찾듯이
잎새 하나 주워 든다
대지의 중심에 마음 내리고

햇살 뭇매 맞던 고단한 시간 지나
유성으로 떨어지는 애기 웅가 냄새
원초적 향기마저 앙가슴에선
빼앗긴 그리움이다

물들이며 가는 것이 어디 바람뿐이랴
실금으로 촘촘하게 적힌 회상
빈 하늘 투명하게 채우고 있다

포개진 황금빛 잎새 밟고
나무에 가만히 기대어 보면
자신의 어디쯤이 물들어 가는지도 알 것 같다
늦가을 끝자락에 깔리는 노란 유서
조용히 되돌아보는 날

풍경風磬

투명한 떨림으로 청각을 마비시키는
소나무 등껍데기에 붙은 절대음감
하루의 피로 풀어 줄 모양이다

착한 소리는 죄많은 이승살이
그림자 녹이고
낮게 날아가는 새들의 속삭임 뒤로
홍보라 빛 물들어
먼 기억 끌고 오는 고요의 산사

서로에게 사심 없이 건네는 위안의 말
가장 편안하게 중심 잡아주는 물고기 타종
온몸으로 부딪는 깨달음이다

산과 바다 넘나드는 자비의 손끝 돌아
우주로 퍼져가는 간절한 기도
댕그렁
댕그렁
선禪으로 새겨지는 사색에
온전히 갇히는

합죽선

눈 번뜩이며 달려드는 무더위
부채살이 이끄는 곳

옛 시인의 궁서체 죽창으로 꽂히는
묵향 따라 주름살 펼쳐 대숲 달린다

싱싱한 잎새, 선명한 모양, 매끄러운 몸통
촉감 좋은 기억들
유난히 좋아해서 지금도 대나무통만 보면 집어 든다
버릴 것 하나 없는 곧은 심지의
푸른 대를 닮으라 하셨던 아버지 말씀
배경으로 만들지 못한 부끄러움은 늘 소화불량이다

어제의 복잡한 일들 잠시 쉼표 찍어 두고
살갗 어루만지던 그 옛날 바람결에 젖는다

화선지를 시원하게 대밭으로 만드시던 아버지
다시 보고 픈 묵향의 메아리

사라지다

날개옷 한 겹 한 겹
곡선으로 벗겨지는 안개

무수히 흩날리는 물의 세포
가여운 영혼을 감싸고 있다
눈앞 하늘거리며 가로 막는 건
돌아선 날의 쓰라림 때문만은 아니다
살짝 가려 놓은 비밀의 문 열리고
리듬 타며 흔들리는 짙은 안개
마음 열고 다가 갈 때도
마음 닫고 돌아 설 때도
가녀린 무채색 얼굴이다

오롯이 머물고픈 욕망
햇살에 무너지고

사랑이 이울 때

시나브로 지워지는 그림자
석양에 물들어 어둠속으로 멀어진다

꽃도 질 때가 있어야
피어 있던 모습 그리워하리라
여린 바람에 기대어 추억 한 줌 꺼내면
밀린 잠 풀어지듯이 노곤하게 후회의 거품이 인다

짙은 색채는 더 쉽게 퇴색되는 것을
꽃잎 시들 때 발끝에 돌부리 찧는다

마음보다 먼저 형벌로 떨어진 꽃잎
순수 여백에 까맣게 낙서로 대신하는
쓸쓸한 위안

뭉크의 절규

그는 돌연 무슨 생각에 빠졌을까
갑자기 하늘이 핏빛으로 물들고
나무도, 풀도 생명 잃고 자신의 세계에 갇힌다

불타는 구름이 공포로 몰려들고
유령 소리 맴돌아 정신 혼미해지면서
홀로속으로 오그라든다
시야에 것들은 기운 잃어가고 전율하는 영혼
금세 보이는 것 모두 어둠의 포로다

가다듬고 다시 보면 그대로인데
신의 손 놓고 방황하는 작은 점 자화상
어리석은 배신자 카인이다
스스로 神의 손 놓고
스스로 학대하고
혼자 만든 굴레에서 울고 있는가

감옥도, 지옥도, 모두 자신임을 깨달을 때
신의 손이 얼마나 크고 따뜻한 위안이 될까

거리마다 소리 없는 절규
오늘도 신은
가없는 사랑으로 생명의 손 내밀고 있다

3부

햇살 한 움큼

유화인가 수채화인가
채색 속 제일 큰 신의 화판畵板
명랑한 눈부심이 봄을 칠했다

절로 흥겨운 시詩 밭에
수액 끌어올려 햇살도 기절시키고
걸리적거리는 것 다 떨쳐버린
한바탕 어우러진 춤판이다

이토록 노란 땅위에서
밝게 마음 헹구며
사랑도, 이별도 접어두고
무조건 달리는 설렘이다
고비 한 자락 넘기면서
위안으로 찾아드는 잊지 못할 단맛이다

하늘만 바라보던 닿지 못하는 빛깔
멈출 수 없는 환상
청맹과니 번쩍 눈 뜨듯이
탄성의 날개 파도 타는 나비 떼

그 끝은 보이지 않는다

쉼없이 밀려드는 노란 꽃보라의 현기증

제부도

하루에 두 번 물길 갈라 놓고
기다림의 전설 바다에 풀어 놓는다

해풍에 메아리치던 소리들
갯벌에 일몰로 눕는 시간
송송 구멍 파던 게, 조개, 낙지들의 펄 놀이
어둠 심으며 하나 둘 몸 숨긴다

모두 제 집으로 돌아가는 밤
파도가 조용히 읊조리며 토해내는
이름 모를 슬픔 자꾸 되새기며
깊숙한 자신만의 섬에 갇혀가고 있다

마음의 바닷길도 닫아버리고
사랑에 잠기고 픈 사람들만이 남는다
밤새 줄어들지 않는 이야기
섬은 또 다른 섬을 만들고

지하철의 밤

발가락 사이를 빠져나간 모래
세파 밀려가고 밀려드는
움푹 패인 곳
땀방울이 핏빛 노을로 고인다

수많은 발들의 전쟁
철고래등에 불빛 달고 달리는 늦은 밤
내일의 불투명한 꿈 싣고
간신히 얹혀 있는 가장이라는 책임표
철바람에 휘청거린다

현실과 이상의 차이가 얼룩을 만들지만
까맣게 쏟아지는 밤비늘 사이로
꼬리 잘리고도 세차게 도망치는
슬픈 도마뱀이다

파도는 쉬지 않는다

버림도, 잊히움도 원함이 아니었기에
기억의 관절 마디마디 저린다
온몸 바위에 부딪히며 토해내는 하얀 각혈

방황의 말들은 물꽃으로 되돌아 왔다
차디찬 몽돌로 닳아지는 편린
둘둘 말며 밀려드는
거대한 원통형 주름
지난 추억이 더 선명해지는 건
그리운 색채가 강해서일까

작은 눈에 한껏 들어 선 수평선
금방이라도 수평을 깨고
숨겨졌던 것들이 나타날 것 같은 긴장이 돈다

돌아서는 발길에 자꾸만 귓전 잡아당기는 철썩거림
심장에 들어서서 더 아프게 자신을 때리는 바다

계단과 계단 사이

어디쯤 오르고 있을까
보이지 않는 자화상을 볼 때가 있다
어떤 연결에 마음 쓰고 있는 것일까
때로 붕 떠 있는 느낌으로 내려 본다
무엇인가 떠받치고 있다는 것이 얼마나
소중한 이어짐인가

      윗 칸과 아래 칸 사이에서 올라 설 수도 있고
      내려 설 수도 있다
      복잡한 마음 비우면 차분하게 정리되는
      이어짐의 단계 만난다
      부르면 달려 갈 수 있고 달려 올 수 있는 거리에서
      계단처럼 서로 생각하기 때문이다
      때로 올려다 보기도 하고
      때로 내려다 보기도 하는

    바람도 방향 잡고 달려가고
    꽃도 시기 보며 웃음 터뜨린다
    한 계단 한 계단 진실한 채움이
    결 고운 모습이 된다는 걸

그림자

표연히 사라진 걸까
오롯이 남겨 놓고 어느 별에서
빛의 파장 보내는 걸까

가로막힌 투명한 벽
한숨은 차고 올라 구름에 얹힌다
해독하기 어려운 구름 문자 유유히 흐르고
방황하던 펜이 백지를 채운다

고요히 마음 모으고 귀 기울이면
바람이 전해주는 진실의 언어 들을 수 있을까
정적 삼키는 일몰의 붉음이 뜨겁다

상념의 늪 벗어나 하나의 생각 모으면
너무도 깊숙하게 들려오는

듣고 픈 소리는
시든 풀잎, 묵직한 돌멩이, 노을 되어서도
세포 속으로 스며든다

하나가 둘이 되고 둘이 하나가 되는
포개지는 또 하나의 자신인 것을

가을강

산 하나 거꾸로 안고 있다
들어 앉은 산은 붉게 풀어져 하늘마저 유혹하고
간간이 물고기 지느러미가 그려내는 동심원 위로
추억의 물무늬 가득하다

출렁이던 사랑은 다 어디로 갔을까
냉정한 바람에 나무 비늘로 떨어지는 단풍잎
보내고 기다리고를 반복하며 늙어가는 물살 주름
쉽게 보내지 못하는 기억들도 끌고 간다

때가 되면 버릴 줄도, 잊을 줄도 알아야 한다지만
지나온 시간을 새소리들이 수면위로 돌려 놓는다
늙을 줄 모르는 일렁이는 회상
풍경을 끌고 간다
느릿하게 둥둥

이른 봄

노르스름하게 물들어 졸고 있는 한낮
할머니의 손등에서 햇살이 눈을 쭈글거리며 고개 든다
봄을 늘어놓고 정답게 건네는 인사
푸릇한 유년 돌아 엄마를 느끼게 한다
안부처럼 들르게 되는 시장 한 켠
팔순 넘기셨지만
나물캐던 아가씨 적 그 시절 어제 같다고
나도 아직 여자인가 봐 하시는
불우 이웃 위해 번 돈 일부를 기도로 낼 때
제일 행복하시단다
단골이 많아 자식 공부시킬 수 있었다며
소녀처럼 웃음이 돈다
살아온 흔적 닮은 순수한
둥그런 표정 속에 잠시 갇힌다
나는 무엇으로 웃는가
쓸쓸한 양심이 부끄러워 웃는가
진한 봄내 그득 정스런 손으로
넉넉하게 푸른 웃음 듬뿍 담으신다
모처럼 가족들과 봄 앞에 둘러앉겠다

어떤 남자
― 과천 경마장에서

말馬이 달리고
말言이 달리고
35만평 대지 위 승부욕에 가득찬
K氏의 눈빛 달린다

그토록 갈구했던 사랑 하나 잡지 못한
황혼길에서 눈 먼 행운을 잡으려 든다
마권馬券이 금권金券이 되는 환청 들으며
말없는 짐승의 재능에 하루치 운명을 건 사람

갖는 것과 잃는 것 사이에서
가슴 졸이며 즐기던 시간
단순한 놀이 벗어나지 못한 욕망은
거친 어둠속에서 희비喜悲 가르고
나무들은 나그네의 긴 한숨 거두고 있다

서녘 하늘이 붉게 이우는 거리
차라리 바닥에 흩어진 마권 종이를
      버려진 꿈 조각을
      쓸어 담는 손길이 부럽다

아내의 젖은 눈동자가 가로등에 걸리는 시간
허름한 주머니에서 만져지는 몇 잎의 동전 소리

멀리서 들려오는 지친 말馬의 "히잉" 신경질적인 소리
나이테를 빠르게 감는다

고요의 빛

눈 뜬 채 꿈 꾸고 있다
세상 모든 경계 사라진 구도構圖
탄성이 메아리로 피어오른 새벽
神의 하얀 캔버스
어둠 지운 또 다른 세상이다

멀리서 달려오는 산
가까이에서 손 잡는 나무
다시 돌아오는 메아리도
굴절 없는 담백한 영혼이다

다른 빛깔 허용하지 않는 눈의 나라
차가움에 갇혀 오히려 포근하다
이 순간 혈관 타고 흐르는 것마저 흰빛일 게다
심장 항아리에서 그리움이 빠르게 발효되는 시간
백설 스크린에 오래도록 갇히고 싶은 날

더 이상 말이 필요 없는
포만飽滿의 절정

과장법

목포시인 M선생님의 전화를 받았다
"장시인! 생선 수백 마리를 잡아 보낼텡게
맛있게 먹어보더라고"
특유의 강한 사투리가 귓전에 파도쳤다
며칠 후 잘디잔 마른 생선이 도착했다
갑자기 세어보고 싶은 충동이 일었다

잔멸치를 볼 때마다
뱃속에서 수평을 깨며
푸르게 출렁대는 웃음, 웃음

궤변

오늘도 사진이 거꾸로 들어왔다
아들이 짓궂은 표정으로
고개 돌려가며 보면 된다고 한다
한참 웃다 보니 녀석의 말이 옳은 것 같다
가끔은 세상 이리저리 돌려 볼 일이다

사방 비춰보면 분명 해결 열쇠도 있다
날마다 집더미만한 숙제 짊어지고 가는
달팽이 마음이 느껴진다
때론 돌려보는 것이 더 아름다울 수 있다
물속의 투영된 자연이나
못생긴 사람 모습도
그 출렁임에 신비롭게 보이기도 한다
세상에는 모순의 조화가 얼마나 많은가

지울 수 없는 연連을 돌려 보면
자리했던 앙금도 걸러질 것이다
사랑하는 것도, 살아가는 것도 끝없이 배워야

벤자민 버튼의 '시간은 거꾸로 간다'가 생각난다

시인의 언덕
— 윤동주를 생각하며

역사 속 베어내고 싶은 장면 선명하고
아물지 않는 상처는 풀잎에도, 모래알에도
눈물 젖은 독백입니다

이월의 바람은 찬데
나무들의 뜨거운 표정은
1945년 2월 16일을 말하고 있습니다

"나를 부르지 마오"

돌아보는 언덕 소나무와 성벽엔
그 처절했던 싯귀 울려퍼지고
눈물도 편히 흘릴 수 없었던
그날!
조국을 부르던 떨리는 음성만이
조각조각 바람으로 흩어집니다

나약했던 조국은 당신에게 언덕이 되어 주지 못했지만
우리는 당신의 언덕 밟고 정신을 기르고 있습니다
조국 광복 하늘에서 맞으며 흘리신 눈물

별 되고, 바람 되고, 시가 되었습니다

잊지 못할 사랑의 시여
영원한 별의 시인이여

단풍

붉은 자유주의자
오색 바람이 초대된 자리마다
진한 사랑의 불 붙었다

너울거리며 휘젓고 밀려온
진한 감성주의자
철새들의 휘파람에 맞추어
번민도, 슬픔도 지워버린다

시선으로만 채웠던 지난 날
희미한 그림자로 물러선다
타오르는 생명의 빛깔이
빗금으로 날리며
영혼 그득히 물든다

속 깊은 시간의 마디에서
처절하도록 아름답게 떨어져 나오는
늦가을의 명령

분수噴水

무지개 떠오르기까지
낮에는 햇살 부르고
밤이면 달빛 섞어 몸 만들고
물빛 욕망 그려냈다
고통의 춤사위 애달픈 배경이기에
평범한 순간은 한 번도 없었다

때론 연적戀敵에 맞서
      물칼 휘두르고
때론 마음 얻기 위해 정성 다하는
      구애의 몸짓이기도
끝내 그리움 이기지 못하면
      바닥에 널부러지는 흐느낌 되기도 했다

직선과 곡선의 변주곡은 갈래갈래 상처 딛고
극점極點 돌아 다시 당찬 호흡이 된다
쉼없는 물춤은 흉내낼 수 없는 둘만의 지문이다
누구도 만들어 내지 못하는 물보라의 구도構圖
물에 뼈에 새겨지는
절제된 영혼의 노래

꽃물에 젖어

제 빛깔의 유혹이다
다스리지 못할 영혼이 멋대로 물들고 있다
심술궂은 바람은 가녀린 그림자
마구 흔들어 댄다

말할 수 없는 속내 가리고
마음의 정원에 뿌리내렸던 붉은 꽃숭어리
노을 지는 하늘가에 고고하게 흩어진다

꽃의 최후가 얼마나 쓸쓸한지
설레이던 약속도, 기대도
바람의 집에 잠시 머물러 있었다

절벽 끝에서도 피워내기 위해
아슬하게 매달렸던 저 떨림의 묘기

채울 수 없는 공허는 시간의 흔적되어
끝내 지워지지 않는 문신으로 남았다

이제 푸른 잎으로 봉인한다
사랑 하나

여름 숲에서

유년의 회랑 돌아
태양 한 복판 지나
앙가슴에 다시 돌아온 푸른 섬
쉼없이 흘러나오는 저 색색 빛깔
잎새들의 싱그런 상형문자다

바라보면 그득히 채워지는
표현할 길 없는 먹먹함에 숨차다
붉게 끌려가는 서녘
새어나오는 감탄이 넘실댄다

원없이 타오르는 이미지들
목 메이도록 소리 지르고 싶은 날
뜨겁게 무너지는 눈동자의 물기

검붉은 구름에 에워싸여
숲은 그림자 길게 늘이고
엷은 어둠이 서서히 드리운다
사방이 어두워질 때까지
기억의 창고에 욕심껏 담으리라

진한 여름이 내 안에 들어와
순도 높게 채우고 있는 이 순간을

비상 飛翔
― 문학 창간호 축시

알바트로스
거대한 창공에 날리는 감성의 바람
검은 구름 헤치고
무엇으로 꿈 담을 것인가
새롭게 펼쳐지는 풍경 놓치지 않으려
무한으로 뻗어가는 웅장한 비전의 발끝 찬다
성숙한 몸짓으로 차오르기까지
단단한 다짐으로 환하게 퍼져가는 문학의 꿈
투명한 정서의 보고
심상心想에 푸르게 춤추는 문장들
자연의 조화 거스르지 않고
인간의 존엄과 살아 있는 것들 소중히 담으며
아름다운 사상思想의 꽃 피우리
어디든, 언제든 쉼없이
때로는 구름 그려내는 하늘처럼
때로는 생명 품은 바다처럼
가장 멀리 비상하는 자긍심
역동의 날개 짓 소망의 일출로
지성의 빛 깨우며

4부

상사화

먼 길 돌아도 제자리 설 수 밖에 없다
꽃대궁에 붙은 보이지 않는 비련
노을에 반사되는 진홍빛 우련하다

물기찬 눈에 어리던 흔적
어두워가는 하늘가에 서글픈 덧칠이다
갈망은 마음의 그림일 뿐
하나로 묶는 자물쇠는 어디에도 없다

마지막 힘 다하여 피운 사모의 빛깔
지친 기다림으로 서서히 사그라진다

바람결에 파문 일어 고통의 가락 전해지려나
거리 좁혀지면 손 닿을 듯 비탈로 서고
거리 멀어지면 잃어질 듯 아슬히 흐려진다

하나의 선線에서 생긴 사랑의 유전자
이토록 기나긴 벌罰로 흐르는가

두 손 모으며

말씀 안에 온전히 몰입하게 하시고
보이는 축복보다 보이지 않는 사랑의 깊음
앙가슴 그득히 감동으로 물들게 하소서

통증도 축복이라 여겨 인내하며
현실의 송곳이 삶의 울림 되어
귀에 쓴 소리 마음엔 단 소리 되게 하소서

꽃이 절정을 이룰 때 눈으로만이 아니라
마음에 담아 순수의 향 나누게 하소서
먹구름 지우지 못하는 이들에겐 손 내밀어
소망의 햇살 나누게 하소서

허락된 시간을 최상의 가치로 살게 하시고
은혜 따라 아름다운 번짐이 되게 하소서

여백

눈 덮인 지붕 위 서서히 일몰 내리고
물기어린 눈빛 불그스레 물든다
저무는 하루는 언어의 파장이 굴절되는 창에 걸리고
저녁나절 연기로 피어오르는 이내
한 점 수채화로 선다

간간이 계절을 날으는 철새들의 막힘없는 날개짓
지루함 달래주는 시간
노을빛 물드는 눈꽃나무가 잡념을 정지시킨다
꽃은 나무의 가장 아리따운 미소라는 걸

이 고요의 순간에 무엇을 그려 넣을까
빈 공간 채우는 소리 없는 소리
자연의 설정에 하나의 풍경이 되어

낮게
깊숙하게

상록수
— 한국문인협회 60년 기념 축시

신뢰의 갑옷 두른 바른 사상
침엽의 끝 푸르게 빛나는 예지 여기 모였습니다

60년 세월
낮이면 태양의 정기 받고
밤이면 별빛 따라 꿈 키웠습니다
지금은 생각 깊은 솔잎 하나 바람에 날려도
가슴 그득히 뿌리 내리는 영혼의 씨앗이 됩니다

펜 끝 타고 흐르는 지칠 줄 모르는
잉크빛 원대한 감성 물들이며
일만 삼천의 바램 담아 우뚝 섰습니다

평화로운 예술의 숲
문학의 옹달샘 보금자리
모국어 사랑으로 어둠속에서도 바로 서서
세계의 순수 감동 위해 달려갈 것입니다
역사위에 영원히 푸르게

〈2013년〉

라일락

아무 말도 하지 않았어요
봄바람에
흔들렸을 뿐

수다스런 변명도 하고 싶지 않아요
연보라 빛 얼굴로
잠시 후각을 마비시킨

그것이 죄인가요?

능소화

담벼락에 밀착된 진홍 살빛
못다 이룬 애정
붉은 고백이다
바람이 지날 때마다
들릴 듯 떨림의 안쓰러운 속내 흔들린다
숨길 수 없는 유혹의 곡선
마른 눈물 자국 보이지 않으려
애써 웃어 보이는 가엾은 미소
목마른 몸짓은 끝내 독한 바이러스에 걸려
햇살도, 바람도 집어 삼켰다

뭉클거리는 애달픈 사랑 칭칭 감으며
차라리 눈 감는다
한 여름 밤
벗어 던진 만월아래

홍매화

바래지 않을 정 하나
흉내낼 수 없는 순전한 영혼이다
고결한 자태 꿈결인 듯 펼치며
풀어 낼 수 없는 내밀한 언어
하늘 닿을 숨결로 촘촘하게 수 놓았다

눈보라 칼바람에도 견디었건만
질투의 화신은 독을 던져 놓고 숨어 버렸다
그림자 없는 이름 부르며 벼랑에 섰다
상처로 나열된 영혼의 절벽 시련이 다하던 날

화선지에 무채색 날개옷 남기고
잎새엔 붉은 유서 한 장 달았다
피멍울 든 비애 점점이 야위어 가는 목숨

끝내 시들 수 없는 마음 닿았다

추억이 햇살로 내리는 길목에서
휘파람새의 애절한 연가 들으며

가끔 종소리 울리는

봄빛이 쓸고 간 골목길
일년 전 할머니는 부지런한 발자국 남긴 채
천상에 묶어 둔 끈 따라 연이 되어 날아올랐다

빗자루 든 거친 손 잡으며
힘드신데 그만 하세요 하면
아니야 난 지금 운동하는 거야
버릴 것 하나 없이 살아오신 깊은 주름
일생은 반짝거림이셨다
국경일이면 태극기 걸라고 일러주시던 눈빛

동네 궂은 일 다 챙기시던 목소리
돌아올 수 없는 그리운 종소리 되었다
다시 봄은 오고 주인 없는 골목길
나무들도 허공에 할머니 모습 그리고 있다

지상에서 소리 없이 따라다니던
애착의 끈 다 놓으시고
지금은 굽은 등 뉘이며 저승살이 편하실까
바람이 갈등 없이 지나가는 하늘 본다

할머니의 빗자루가 지나간 흔적이 선명하게 보인다
푸르게 웃는 하늘 길

아지랑이

봄볕에 배 내밀고 서있는 항아리들이 있었지요
유년의 꿈은 빈 항아리 채우듯 영글었고
생의 울림이 무엇인가 알게 되었지요
봄 되면 먼저 떠오르는 흑백의 어머니와 장독대
그곳으로 한없이 달려가는 내가 있습니다
벚꽃이 눈처럼 덮이면 바람이 치우기 전까지
꽃잎을 감상하셨던 물기어린 눈동자에 포개지던
어머니의 젊은 날
지금, 회상의 꽃잎 흩어지고 있어요
떨어지는 것은 모두 슬픔을 달았을까요
생명 있는 것들은 사라지기에 귀하지만
마음에서 떠나지 않으면 사라진 것이 아니지요
흩날리는 그 시절 따라 멀리 산봉우리까지 달립니다
언젠가는 내 아이들도 이렇게 나를 추억하겠지요
산다는 것은 아스라한 그리움의 연속인 것을

봄

나른한 잠에서 깬 꽃나무 품은 대지
굳었던 뼈마디 장음계로 편다
나뭇결 스치는 바람의 말씨도 상냥하다

물고기들의 빠른 지느러미가 그려내는 스케치
동그랗게 피어나는 생각의 그림자
파랗게 채색되는 날

지친 영혼을 흔드는
마법의 신비
불씨 하나 던진다

영원한 숙제로 남는 사랑의 미지수

겨레의 꽃

군자의 나라에는 무궁화가 만발하더라고 했던가
순백으로 피어 정의와 지조 지켰고
분홍, 진분홍 겨레 사랑의 끈기로
대를 이은 염원은 끊임없이 벋어간다

야수에 짓밟히고 피로 산야 물들일 때에도
자존감 잃지 않으며 굳건히 버텨왔다

아버지가 역사의 울타리에 심으셨고
어머니가 자식들의 사상思想에 심어
정신과 핏줄로 이어져
꺼지지 않는 봉화로 타오르는 불꽃

우레치는 심장에 대대로 피어나
조국의 혼 지켜가는 무궁화

겨울 자작나무

다 벗어 버렸다

흰 살에 검은 옹이 흉하게 드러나도
진실하게 자신과 만나는 마침표다
마른 잎 몇 개 붙어 아슬한 떨림
차가운 고요 온몸으로 받아 낸다

칼바람 사이로 빠져나간 꿈
아픔도 오래 숙성되면 위안이 될 수 있을까
영원한 만남도, 영원한 헤어짐도 없다

어렵게 던졌던 말들 살뜰히 발효되어
눈꽃 쓰린 숨결이다
귓전을 잡아당기는 끌림
칼바람 맞으며 돌아설 때도 지워지지 않는 잔영

노을은 타오르는 빛깔로 붉은 사랑을 말하고
잎새 떨군 자작나무는 하얀 작별로 봄을 말한다

괘씸죄

바람이 불 때마다
노랗게 흩어지는 잎새들
나무 아래
젊은 연인들의
입술과 입술이 닿는 순간
하필
그 사이로 떨어진
은행잎
하나

접은 페이지

가질 수 없어 눈에 담았고
버릴 수 없어 마음에 두었습니다

현재는 이성理性에 살고
추억은 감성感性에 살고
나이 들수록 지난날에 젖어드는 것을

무언가 조금은 알 것 같은 나이가 들면서
지우고 싶은 순간들이 많아졌습니다
편집할 수 없이 점점 낡아지며
자화상이 뚜렷해집니다

이름 지을 수 없는 빙점에서
자신만의 역사를 뒤적여 봅니다
결코 화려하지 않은 무채색의 장면들
작은 그림자의 기울기가 보입니다

지나간 것도 자신의 흔적이기에
또 한 장의 페이지를 접으며

냉이

봄엔 냉이만한 보약이 없단다 하시며
구수한 된장국 끓여주시던
침샘 자극하는 어머니 손맛

찬바람 물리친 아지랑이 들판
삐죽삐죽 보이는 곳마다 시선이 파랗다
얇은 흙이불 덮고 어떻게 견뎌 냈을까
바구니 한 가득 담겨 파랗게 일렁인다

하얗게 길어진 뿌리는 질긴 순애보
땅 속 깊이 묻어 둔 비밀을 먹었으리라
코끝 대어보면 풀내음에 금세 힘 솟는다
마법처럼 다시 태어나면 이토록 향긋한 풀내가 날까

손끝에서 신선한 맛이 난다
이런 기막힌 궁합이 있었던가
겨울잠에서 깬 냉이가 아린 정서를 달래 준다
입 속에서 먼저 피어나는 봄

겨울

푸름한 허공
은빛 날개 차오르고
먼 시간 돌아온 투명한 반사경
기억은 발효되어 꿈틀거리고

태양처럼
산맥 가로 지르는 속력으로
가슴 한복판 관통할 수는 없었을까

내내 말라 비틀어진 몸
겨우 이어붙인
눈발 속 야윈 덩굴의 가느다란 몸
촘촘히 새긴 언어들로 퇴색해 간다

마음 드러내고 싶지 않지만
이미 처절한 밑그림이다
찬바람 들어 선 냉혹한 그림자
길게 얼어붙은 들길
검붉은 노을에 스러지는
하얀 이름

고인돌*

한 줄기 빛 전설로 꽂히는 지석支石묘
신의 바람이 휘감는다
솔방울 요령으로 흔들리고
선사先史의 기운이 찬 손을 잡는다

부싯돌로 붙인 불씨
마음 태우고 영혼을 달래기까지
밀고 당기며 굽이 돌아
긴 몽류의 시간은 어디로 갔는가
시린 가슴팍에 다가서며
거친 숨결로 일어서는 정령들

가볍게 떠나지 못한
뿌리 거둬 무겁게 눌러 놓고
아득한 이별의 끝 애써 떨치며
먹구름마저 눈물로 내리던 날
인연은 그대로 박제 되었다

진혼곡 울려나고
낙조의 하늘가 떠돌던 사랑의 혼령

거대한 바위에 뜨거운 혈관이 흐른다
다시

* 전북 고창에 있는 2,000여개가 넘는 대규모 고인돌 군락지로 세계문화유산이다.

유실물

어디서 찾을가요

속도만큼 달리는 허기진 그리움을

다시보기

싹 틔워내는 소리 귀 간질이는 봄날
눈높이 낮추고 주위 살피다 깜짝 놀랐다
분명 내가 버린 화분에서 새싹이 돋아 있었다

얼마나 미안하던지 급사과 하고 다시 베란다에 갖다 놓았다
다 죽은 줄 알았던 그 속에서 힘겨운 꿈틀임이 있었다니
실뿌리들이 원망했을 시간 보상해 주듯이 어루만져 본다
머지않아 자존심 세우며 푸른 옷 입고 꽃대 싱싱히 치켜들리라

햇살 한 줌이 살려 낸 생명에 이토록 강인함이 숨었을 줄이야
이름조차 기억하지 못했지만 볼수록 애잔함이다
쉽게 겉만 보고 판단했던 날들, 존재감 상실로
한없이 작아졌던 날은 또 얼마나 많았던가

작은 화분에서 다시 배우며 날마다 심는 은은한 미소

| 해설 |

세상의 슬픔과 모성의 언어

황정산 (시인, 대전대 교수)

1. 들어가며

 기쁨과 쾌락과 그것들을 가능하게 하는 온갖 상품들이 넘쳐나고 있지만 우리의 가슴 한 켠에는 항상 슬픔이 잠재하고 있다. 많은 사람들이 우울증을 앓고 자살률이 늘어나고 '헬조선'이라는 용어로 이 땅을 지옥이라 여기는 사람들이 많아지는 것도 어쩌면 모두 이 슬픔 때문이다. 단군 이래 최대의 번영도 거치고 세계 11번째 경제대국이 된 지금 슬픔이라니 하고 의아해 할 수도 있다. 부가 증대하고 기술이 발전하면서 삶에 필요한 많은 것들이 갖춰져 점점 커져가는 욕망을 충족시켜 가고 있는 이때 슬픔은 걸맞지 않은 정서인 것처럼 느껴진다. 하지만 그렇기 때문에 슬픈 시대이다. 욕망이 커질수록 슬픔은 더 커져가기 때문이다.

슬픔이란 욕망의 좌절이 가져온 정서적 반응이다. 근원적인 결핍을 가지고 태어난 우리는 항상 무엇인가를 통해 그것을 채우고자 한다. 그것이 바로 욕망이다. 그러나 그러한 욕망은 결코 완전하게 채워지지 않는다. 욕망의 현실적 실현은 항상 근원적인 결핍에는 부족하거나 모자라기 때문이다. 그래서 결핍을 보상하기 위해 무엇인가를 갈구하지만 그것 역시 또 다른 욕망만을 만들어 낼 뿐이다. 욕망의 충족은 끊임없이 유보되고 우리는 욕망의 대리물 사이를 끊임없이 표랑할 뿐이다. 바로 이런 것이 라캉이 말한 '욕망의 환유적 연쇄'일 것이다. 그런데 이러한 욕망의 환유적 연쇄에 대응하는 인간의 정서가 바로 슬픔이다. 이렇게 보았을 때 세상은 슬픔 그 자체이다. 이렇듯 슬픔은 채울 수 없는 욕망의 좌절을 피하지 않고 대면할 때 생기는 감정이다.

장충열 시인의 이번 시집의 시들은 바로 이 슬픔을 느끼게 해준다.

2. 편재하는 슬픔의 정서

장충열 시인의 시를 읽으면 아름답지만 쓸쓸하고 슬픈 감정이 따라온다. 어쩌면 아름다움 속에 숨어 있는 슬픔의 정서를 찾아내는 것이 장충열 시인이 노리는 시적 지향인 것처럼 생각된다.

바람 비벼대는 마른 갈대의 목쉰 소리 들린다
늦겨울과 이른 봄 사이 존재하는
또 하나의 겨울이 달리는 오솔길

줌으로 다가오는 회색빛 풍경들
셔터를 서툴게 눌렀을 때의 떨림으로 보인다
그토록 마음 한 조각 얻기 위해 얽매이던 날들
어리석은 돌로 던져졌다
스스로 갇혔던 시간도 살얼음이다

놓쳐버린 인연의 끈 아직 남아 있는 걸까

우울이 웅크리고 있는 곳
꿈틀거리며 봄 기다리는 풀씨들
고요를 헝크리며 푸드득 날아가는 철새들 사이
이끌리듯 투명한 눈동자가 빛난다

이내 속에서 상기된 빛으로 속살거리는
소화되지 않은 이야기들

―「겨울 강」 전문

   시인의 눈에는 삭막한 겨울의 풍경조차 아름답게 보인다. 시인은 황폐함 속에서도 봄을 예감하는 풀씨가 고개 드는 것을 보고 멀리 날아가는 철새들의 "투명한 눈동자"를

보기 때문이다. 바로 그런 따뜻한 마음이 있고 예리한 눈이 있어 시인에게는 말라 이미 죽어있는 "갈대의 목쉰 소리 들린다." 예쁜 꽃이나 웅장한 바위나 아름드리 나무가 있는 아름다움은 아니지만 차가운 겨울 풍경이 주는 슬프고 쓸쓸한 풍경 속에서 시인은 "놓쳐버린 인연의 끈"을 떠올리고 자연과 세상의 아름다움을 다시 회생시킨다. 시인만이 할 수 있는 축복된 행위가 아니고 무엇이겠는가.

하지만 이런 시인의 눈에 세상은 아름답게만 보이지는 않는다.

> 초록 비단이 벽을 덮었다
> 마음 훔치던 날의 자화상으로
> 당당하게 팔 들어 올렸다
> 윤기 흐르는 무성한 언어들
> 시간 거슬러 오르고 또 오른다
>
> … (중략) …
>
> 이토록 지칠 줄 모르는 사랑이 있었던가
> 불볕에 타들어 가는 심사 어쩌지 못해
> 간간히 피어난 붉은 꽃의 흔들림
> 되돌리고 픈 애잔한 영상
>
> 떨어질 줄 모르는

> 그림자 없는 연인들
> 그 진한 전설이 독하게 빙의되었다
>
> ─「담쟁이 이야기」부분

    초록의 비단으로 벽이나 담을 뒤덮은 담쟁이덩굴은 당당하고 아름답다. 시인은 그것을 "윤기 흐르는 무성한 언어들"이라고 감각적으로 잘 표현하고 있다. 하지만 그 아름다움 속에 잠재해 있는 고통을 시인은 절대 놓치지 않는다. 시인은 담쟁이의 모습에서 이별할 수 없는 연인들의 독한 사랑을 찾아낸다. 그 집착과 욕망이 담쟁이 넝쿨의 무성한 생명력 속에서 "애잔한 영상"을 만들어 낸다. 이렇듯 장충열 시인은 아름다움 속에서 그 안에 내재된 슬픔을 찾아내는 예리한 눈을 가지고 있다. 그런데 이러한 슬픔은 어디서 오는 것일까? 다음 시가 이를 잘 말해 준다.

> 그토록 갈구했던 사랑 하나 잡지 못한
> 황혼길에서 눈 먼 행운을 잡으려 든다
> 마권馬券이 금권金券이 되는 환청 들으며
> 말없는 짐승의 재능에 하루치 운명을 건 사람
>
> 갖는 것과 잃는 것 사이에서
> 가슴 졸이며 즐기던 시간
> 단순한 놀이 벗어나지 못한 욕망은
> 거친 어둠속에서 희비喜悲 가르고

나무들은 나그네의 긴 한숨 거두고 있다

… (중략) …

멀리서 들려오는 지친 말馬의 "히잉" 신경질적인 소리
나이테를 빠르게 감는다

—「어떤 남자」부분

 사랑을 대신해서 잡으려는 행운이 결국은 한 사람을 슬픔에 빠뜨리고 또한 파멸하게 만든다. 사랑이나 행운은 인간으로서 우리가 가진 욕망의 대리물들이다. 위 시의 경마에 빠진 한 남자처럼 우리 모두는 이 욕망 때문에 우리의 삶을 걸고 슬픔의 구렁텅이로 빠져들 수도 있다. 세상은 이렇게 채워지지 못한 욕망으로 생기는 슬픔이 지배하고 있다.
 이러한 눈으로 세상을 바라볼 때 세상은 온통 슬픔이 놓여있다. 우리가 사는 삶은 어디에도 슬픔이 편재해 있다.

발가락 사이를 빠져나간 모래
세파 밀려가고 밀려드는
움푹 패인 곳
땀방울이 핏빛 노을로 고인다

수많은 발들의 전쟁
철고래등에 불빛 달고 달리는 늦은 밤

내일의 불투명 꿈 싣고
간신히 얹혀 있는 가장이라는 책임표
철바람에 휘청거린다

현실과 이상의 차이가 얼룩을 만들지만
까맣게 쏟아지는 밤비늘 사이로
꼬리 잘리고도 세차게 도망치는
슬픈 도마뱀이다

―「지하철의 밤」 전문

   시인은 지하철을 "슬픈 도마뱀"으로 비유하고 있다. 그런데 왜 슬플까? 거기에 타고 있을 사람들의 삶을 생각하기 때문이다. 삶의 노고에 지친 사람들에게는 아름다운 석양의 노을도 "핏빛 노을"로 고이고 바람도 자연의 상쾌한 바람이 아니라 "철바람에 휘청거"리게 만든다. 이렇듯 세상은 온통 고통과 슬픔으로 점철되어 있다. 이런 눈으로 장충열 시인은 타인의 고통까지도 자신의 슬픔으로 치환한다. 예리한 눈이 따뜻한 마음을 만들어 낸 것이다.

그의 전체를 안아주고 싶었다
세상 찌든 때에서 묻어 나오는
절여진 냄새까지도
포근히 품으려 했다

… (중략) …

나약한 영혼의 틈 사이 찬 바람 인다
얼마큼의 깊이로 그를 위로할 수 있을까
얇은 몸 의지해 우수꽝스럽게 포개진 그의 분신들
누를 수 없는 설움이 와락 물꼬를 튼다

—「어느 옷걸이의 고백」부분

  시인은 옷걸이를 보고 하루의 지친 일상을 벗어 걸었을 한 사람의 슬픔을 생각한다. 거기에 배인 절여진 냄새를 떠올리고 그의 삶을 자신의 품으로 받아들여 그 사람의 고통과 설움까지도 함께 느끼고 공명한다.

3. 슬픔을 위무하는 모성의 언어

억센 파도 품고도
평온한 바다는
물주름만 쉼없이 둘둘 접을 뿐
아무런 대답 없다

희미한 그림자조차 허용되지 않는 계절
조약돌 위에서 비틀거리다가

>   수평선 너머 자화상 보며
>
> ―「소용돌이」부분

이렇게 평온한 바다의 풍경에서도 슬픈 자신의 모습을 떠올리고 있다. "희미한 그림자조차 허용"하지 않은 세상의 쓸쓸함 때문일 것이다. 이 쓸쓸함을 무엇으로 메꾸어야 할까? 시인은 쓸쓸하고 슬플 때마다 어머니를 생각한다.

> 꽃잎 흩날릴 때면 힘없는 엄마 목소리 들린다
> 한창 때 많이 먹어라 애처로이 바라보시던 눈빛
>
> 무엇이 그리도 급하셨나요
> 뼈저린 사랑 무너져 내리던 날
> 하늘도 울어 흩뿌리는 빗속에 벚꽃잎 날렸었다
> 진해 벚꽃 구경 가자고 블라우스도 한 벌 맞춰놓고는
> 작은 효심도 받지 못하고 엄마는 봄 언덕에 누우셨다
>
> 엄마는 아플 줄도 모르는 줄 알았다
> 엄마는 정말 씩씩한 줄만 알았다
> 언제까지나 우리 지켜주실 줄만 알았다
> 철없는 자식들의 손 어떻게 놓을 수 있었는지
>
> 엄마 가신 지 수십 년
> 이제 닮아가는 나이 지났건만

흑백으로 어리는 애절한 모습
여전히 그날의 꽃잎 흩날린다

어디서 날아왔는지
못다 준 자식사랑 안타까움 일어
흰 나비 보내셨나
뜨거운 눈물 속 어른거리는
엄마의 하얀 치맛자락

—「벚꽃 지던 날」 전문

  벚꽃이 진다는 것은 봄이 가는 것을 나타낸다. 그것은 인생의 화양연화가 지나가는 것이기도 하다. 이 지는 벚꽃을 생각하면 "흑백으로 어리는 애절한 모습"이 떠오른다. 그것은 바로 어머니의 모습이다. 시인은 벚꽃과 함께 벚꽃 구경과 관련된 어머니의 추억을 떠올리지만 이 추억은 단순한 과거의 경험만은 아니다. 거기에서 시인은 세상의 슬픔과 고통을 위로받을 어떤 힘을 얻게 된다. "나비의 춤사위"에서 "엄마의 하얀 치맛자락"을 생각하듯 힘들고 외롭고 괴로울 때 시인에게는 항상 떠올릴 수 있는 어떤 이미지가 있다. 그것은 바로 돌아가신 어머니가 보여준 모습이다. 시인은 그것을 떠올리면 어머니의 "못다 준 자식사랑"을 기억해 낸다. 이 기억이야말로 시인에게는 소중한 삶의 근원적 힘으로 작용한다.

  다음 시는 이 힘이 어떻게 시인에게 위안이 되는지를 잘 말해준다.

> 봄볕에 배 내밀고 서 있는 항아리들이 있어지요
> 유년의 꿈은 빈 항아리 채우듯 영글었고
> 생의 울림이 무엇인가 알게 되었지요
> 봄 되면 먼저 떠오르는 흑백의 어머니와 장독대
> 그곳으로 한없이 달려가는 내가 있습니다
> 벚꽃이 눈처럼 덮히면 바람이 치우기 전까지
> 꽃잎을 감상하셨던 물기어린 눈동자에 포개지던
> 어머니의 젊은 날
> 지금, 회상의 꽃잎 흩어지고 있어요
> 떨어지는 것은 모두 슬픔을 달았을까요
> 생명있는 것들은 사라지기에 귀하지만
> 마음에서 떠나지 않으면 사라진 것이 아니지요
> 흩날리는 그 시절 따라 멀리 산봉우리까지 달립니다
> 언젠가는 내 아이들도 이렇게 나를 추억하겠지요
> 산다는 것은 아스라한 그리움의 연속인 것을
>
> ―「아지랑이」 전문

아지랑이 눈에 어른거리지만 실체가 없다. 하지만 그 실체 없는 것이 봄을 알리고 세상의 모든 것들에게 생기를 부여한다. 시인은 이 아지랑이를 통해 아스라한 그리움으로 남아있는 어머니의 존재를 생각한다. 어머니에 대한 모든 것이 흑백사진처럼 회상으로서만 존재하지만 그 희미한 회상이 유년의 꿈을 다시 떠올리게 하고 내가 사는 삶을 돌아 보게 하는 "생의 울림"이 되고 있다고 말하고 있다. "산다는 것은 아스라한 그리움의 연속"이고 그 그리움의 끝에는 항상 어머니가 있다.

 더 나아가 타인의 슬픔을 위해 결국 시인은 스스로 어머니가 된다.

> 정성스레 포장된 소포가 왔다
> 시각장애인 강의하며
> 정 나눈 분들이 농사지어 보낸 참깨다
> 오히려 많이 배울 기회였던 그들과의
> 시간은 느낌표였다
> 더듬으며 깨를 털어내고 쓸어 담았을
> 모습 그려보니 콧등이 시큰해진다
> 씻다 보니 정말 모래가 많이 나왔다
> 모래도 깨처럼 소중히 생각되어 화분에 넣었다
> 말할 수 있어서 행복하다고 웃는
> 긍정의 반짝임이 배어 있는 티 없는 얼굴들
> 신중하고 집중이 뛰어나
> 정안인보다 실수도 별로 없어 놀랄 때도 많았다
> 팬에 넣고 볶을 때 톡톡 튀는 깨알들
> 피곤한 삶의 고소한 활력이 돈다
> 마음의 눈으로 더 깊고 순수하게 보던 그들
> 짙푸른 영상이 깨알로 튀어오른다

―「깨 볶으며」 전문

 장애를 가지고 산다는 것은 다른 사람들보다 한 가지 더 큰 고통을 안고 산다는 것이다. 시인은 그들을 위해 봉사하고 그들이 그 보답으로 보낸 깨를 받아 볶는다. 그런데 이 깨를 볶는 행위는 단순히 음식을 만드는 과정 중 하나일 뿐만은 아니다. 선물로 준 깨를 볶는 것은 그 선물을 준 사람들의 마음을 되새기는 것이며 그들의 마음을 더 소중한 것으로 바꾸는 작업이다. 세상의 어머니들은 바로 자식을 위해 이 모든 작업들을 나날이 행해왔을 것이다. 시인은 바로 이 어머니의 마음으로 그들의 삶과 그 삶속에서 감수했을 불편과 고통을 위로하고 껴안는다.

  조용한 오후 진록빛 물살 속에선
  나무들이 긴 머리채 감는 중이다

  거스르지 않는 부드러운 힘으로
  생명 키워내는 질긴 모성
  한없이 신비롭다

  때로는 분노로 하얗게 거품일면서도
  결코 먼저 배반하지 않는다
  물음표와 느낌표가 그림자로 따라붙는
  세상살이 간극을 말없이 메워주고 있을 뿐

지난 날 마음 물들이며 나누었던 물 한 잔도
예서 달려왔을 아스라한 정이 보인다

강물은 실파도치며
회상의 그물망에 건져지는
말라가는 이야기 적셔주고 있다

이끼 낀 돌짝
한가롭게 푸른

—「두물머리에서」 전문

  모성으로 세상을 보았을 때 세상을 지배하는 슬픔과 분노는 가라앉고 우리들 사이에 놓여 있는 단절의 간극은 점점 가까워진다. 이 시는 바로 그것을 강물의 이미지를 통해 잘 보여주고 있다. "거스르지 않는 부드러운 힘"은 강을 만들어 낸 물의 힘이고 이 세상을 있게 한 모성의 힘이다. 그것이 모든 생명을 만들어 낸 "비밀스런 전설"이기도 하고 모든 배반으로부터 우리를 구원하는 힘이 된다. 시인은 그것을 "세상살이 간극을 말없이 메워주고 있"다고 말하고 있다. "말라가는 이야기를 적셔주"는 이 모성의 힘이 장충열 시인의 시들에 관통하는 가장 특징적인 요소이다.

4. 맺으며

 시인이 시를 쓴다는 것은 이제까지 없었던 새로운 말을 하나 만들어 내는 것이다. 그것은 이 땅의 모습을 이야기하지만 이 땅의 언어가 아니라 다른 세상의 언어이고 그렇기 때문에 그것은 지금 이곳의 모습을 바꾸는 힘으로 작용한다. 장충열 시인의 시들이 세상의 슬픔을 노래하지만 또한 그 슬픔을 치유할 모성의 언어가 될 수 있는 것은 바로 이 때문이다. 그러므로 그의 시는 "별의 말"이기도 하다.

> 언제부터 빛나고 있었느냐고 묻지 마라
> 중력이나 너비도 따지지 마라
>
> … (중략) …
>
> 그렇다고 너무 쉽게 쳐다보며
> 나를 걸고 지키지 못할 약속도 하지 마라
> 운세 점친다고 맘대로 이름 붙이지 마라
> 영원을 걸고 순간을 즐기는 것을 자유라고 생각하지 마라
>
> ―「별의 말」 부분

 함부로 약속하지 않고 함부로 따지지 않고 순간의 쾌락을 자유로 미화하지 않지만 세상의 슬픔과 고통을 견디게 해 주는 언어에 대한 믿음이 장충열 시인에게 시를 쓰게 만들

었다고 할 수 있다. 이 다짐과 결의를 끝까지 잃지 않기를 응원하면서 해설을 마친다.

미네르바시선 41
미처 봉하지 못한 밀서

ⓒ 장충열 2017

편집 기획 미네르바
주소 03131 서울특별시 종로구 율곡로6길 36 오피스텔월드 802호
전화번호 02-745-4530   **팩시밀리** 02-745-4530
전자우편 minerva21@hanmail.net

펴낸곳 도서출판 지혜   **펴낸이** 반송림
지은이 장충열
초판 인쇄 2017년 6월 20일   **초판 발행** 2017년 6월 20일
편집 디자인 김지호
주소 34624 대전광역시 동구 선화로 203-1, 2층 도서출판 지혜 (삼성동)
대표전화 042-625-1140   **팩시밀리** 042-627-1140
애지카페 cafe.daum.net/ejiliterature   **전자우편** ejisarang@hanmail.net

ISBN 979-11-5728-233-3 03810

*이 책의 판권은 지은이와 미네르바 · 도서출판 지혜에 있습니다.
*양측의 서면 동의 없는 무단 전재 및 복제를 금합니다.
*잘못된 책은 바꿔드립니다.